1905 – Avril 14

VENTE DANIEL VIERGE

HOTEL DROUOT — SALLE N° 2

14-15 Avril 1905

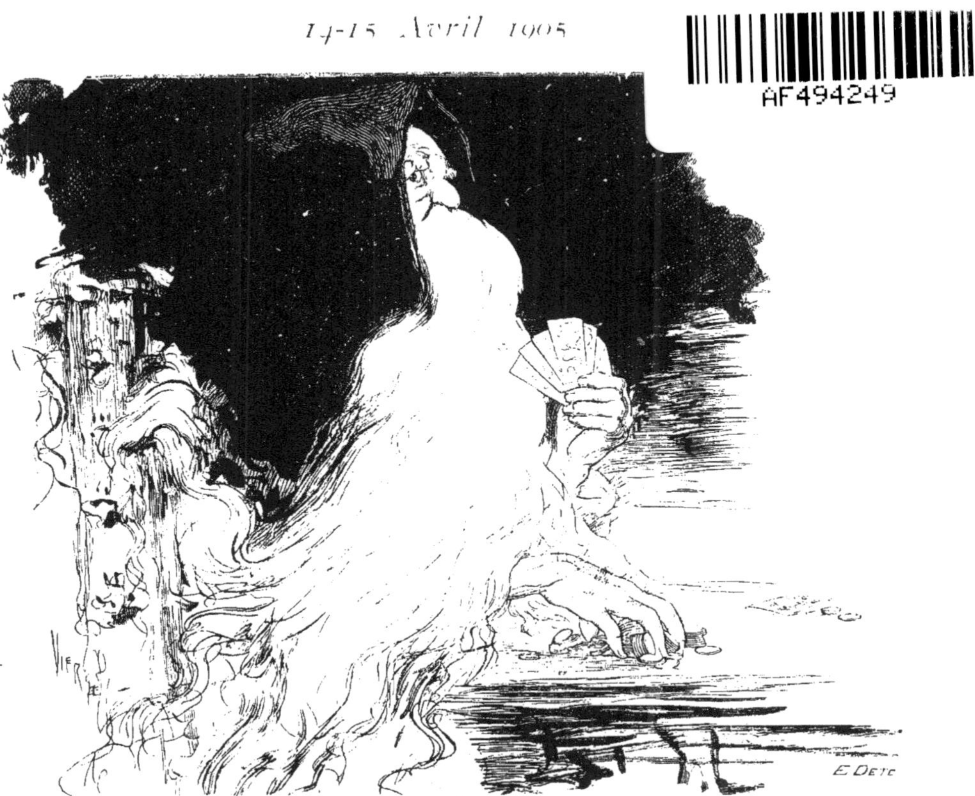

Gravure sur bois, inédite, par EUGÈNE DÊTE
d'après un dessin de DANIEL VIERGE

AQUARELLES
ET
DESSINS

Me HENRI SAULPIC

M. LOYS DELTEIL

IMPRIMERIE

FRAZIER-SOYE

153-157, rue Montmartre

PARIS

CATALOGUE

DES

AQUARELLES

ET

DESSINS

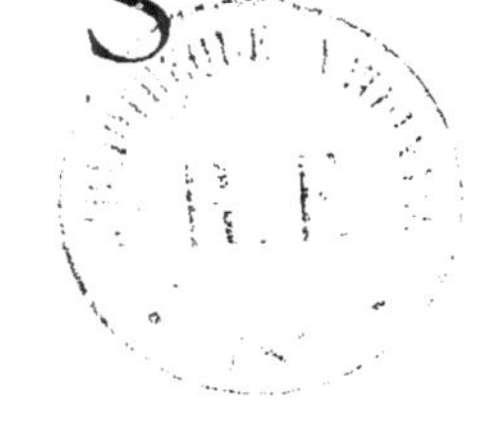

de DANIEL VIERGE

dont la vente aura lieu,

par suite de son décès,

à Paris, HOTEL DROUOT, Salle N° 2

Les Vendredi 14 et Samedi 15 Avril 1905

à 2 heures précises

Par le Ministère de Mᵉ HENRI SAULPIC

COMMISSAIRE-PRISEUR

69, rue Sainte-Anne

Assisté de M. LOYS DELTEIL, Artiste-Graveur, Expert

22, rue des Bons-Enfants

CONDITIONS DE LA VENTE

Elle sera faite au comptant.

Les acquéreurs paieront *dix pour cent* en sus des prix d'adjudication.

M. Loys Delteil remplira les commissions que voudront bien lui confier les amateurs ne pouvant y assister.

L'ordre numérique *ne sera pas suivi.*

La reproduction des aquarelles et des dessins compris dans la présente vente, est formellement interdite.

EXPOSITION PARTICULIÈRE, Hotel Drouot, Salle n° 2, le mercredi 12 avril de 2 heures à 6 heures.

EXPOSITION PUBLIQUE, Hotel Drouot, même Salle, le jeudi 13 avril, de 2 heures à 6 heures.

PRÉFACE

Après l'Exposition, si remarquée et si remarquable qui vient d'avoir lieu, il semble bien qu'une appréciation nouvelle de l'œuvre de Daniel Vierge soit parfaitement inutile.

Tout a été dit sur l'illustrateur original, sur l'aquarelliste fougueux, sur l'artiste et sur l'homme. La consécration officielle, due à l'initiative d'un député ami des arts, M. Ridouard, a définitivement classé au nombre des chefs-d'œuvres, ces feuilles volantes qui, dès leur apparition, avaient déjà arraché des cris d'admiration aux connaisseurs des deux mondes.

Ces pièces, désormais entrées dans l'histoire, vont, pour la plupart, être mises aux enchères. Ce Pablo *que Vierge conservait jalousement, va être dispersé! Heureux ceux qui pourront acquérir l'une de ces merveilles incomparables! Elles trouveront, enfin, dans le* home *des amateurs, le terme de leurs tribulations.*

Car ces dessins du Pablo de Ségovie, *illustrations d'une épopée macaronique, connurent des aventures épiques.*

Une première fois, la série n'en était pas achevée quand Vierge fut frappé d'apoplexie. Le volume en préparation parut quand même, mais la fin n'en fut pas illustrée. Se basant sur l'inexécution intégrale du contrat, l'éditeur refusa de payer au pauvre artiste terrassé ce qui lui était dû. Voilà, n'est-ce pas, un joli commencement?

Vierge n'avait pas envie de mourir, mais, par contre, il avait un grand désir de terminer son Pablo. *Il se hâta de reprendre sa place dans l'existence et de donner à sa main gauche l'habileté prodigieuse qu'avait sa main droite. Je parierais que le beau crayon de Renouard qui montre, si* tragiquement, *pourrait-on dire, Vierge dessinant de sa main gauche, tandis que la main et le bras droits pèsent inertes et lourds sur la barre du fauteuil, représente l'artiste occupé à une scène du* Pablo.

Cette fois, ce fut un éditeur anglais qui se chargea du volume. Vierge n'y gagnait pas grand chose, mais il comptait sur une édition satisfaisante de son œuvre de prédilection. Illusion! Le livre fut, de rechef, manqué et, pour comble de bonheur, les dessins retenus à Londres, par suite d'une clause ambiguë du traité! Peu s'en fallut que l'artiste les perdît tous. Ils lui revinrent, après d'infinies démarches et d'interminables délais.

Enfin Vierge put faire l'édition qu'il voulait. Il la fit lui-même. On reconnut unanimement qu'elle était parfaite. Il consentait cette fois, à se séparer de ses chers dessins. Une grande ville d'Espagne, se souvenant que Vierge était espagnol, voulut les acquérir pour son musée, et entra en pourparlers avec l'artiste. Elle se montra généreuse dans ses offres. On connait, tra los montes, la valeur des œuvres d'art. Madrid à Vélasquez, Badajos, Moralès, Séville, Murillo, l'Estramadur, Zurbaran et l'Aragon, Goya! La grande ville pour cent vingt compositions offrit quinze cents *francs! Dix francs et dix sous le dessin! Encore fallait-il que la ville, pour cette dépense, se surimposât extraordinairement. Vierge, très touché, déconseilla ce sacrifice!...*

J'ai raconté les aventures de Pablo, *qui n'ajoutent rien à sa valeur d'art, sinon l'attrait de la curiosité. Les autres œuvres, pour avoir subi moins de traverses, n'en sont pas moins remarquables, telles ces aquarelles de la* Commune, *dont les figures sont une véritable hantise, telles ces prestes et lumineuses notes prises « sur la piste de Don Quichotte », telles encore ces gouaches puissantes et pittoresques, dont l'actualité a fourni le sujet, et qui sont les tableaux d'histoire de notre vie contemporaine.*

L'art de Vierge est d'une si grande spontanéité et d'une maîtrise si incontestable qu'on n'a pas à craindre qu'il baisse jamais dans l'estime publique. Bien au contraire ! Par le fait même qu'il n'a jamais été un art à la mode, *il ne peut être affecté par les vicissitudes de la mode et il est de ceux qui — la statistique des ventes l'atteste — ne font que prendre plus de valeur avec le temps.*

Clément-Janin.

DÉSIGNATION

AQUARELLES

1. — Effet de neige, à Paris.

2. — Etang de Villebon (Bois de Meudon).

3. — Coucher de soleil.

4. — Vue prise à Fontarabie.

5. — Paysage : Pinto, Espagne.

6. — Le Berger, souvenir d'Espagne.

7. — Cave, souvenir d'Espagne.

8. — Peupliers, site d'Espagne.

9. — Paysage, souvenir de Suisse.

10. — Paysage, souvenir d'Espagne.

11. — Paysage, souvenir d'Espagne.

12. — Types Espagnols.

13. — Type Espagnol.

14. — Type Espagnol.

15. — Italien assis.

16. — Nature morte : Oiseaux.

Croquis aquarellé.

Haut. 0,18. Larg. 0,13.

GRANDES COMPOSITIONS

principalement pour le *Monde Illustré*.

17. — L'Epopée.
Gouache.

18. — Les Maçons à l'Exposition Universelle de 1889.
Gouache.
Haut. 0,35. Larg. 0,54.

19. — Les Peintres à l'Exposition Universelle de 1889.
Gouache.
Haut. 0,32. Larg. 0,54.

20. — Les Vitriers à l'Exposition Universelle de 1889.
Gouache.
Haut. 0,54. Larg. 0,35.

21. — Travaux à la Galerie des Machines (Exposition Universelle de 1889).
Gouache.
Haut. 0,54. Larg. 0,35.

22. — Les Fontaines lumineuses (Exposition Universelle de 1889).
Gouache.
Haut. 0,34. Larg. 0,48.

23. — La Rue du Caire, à l'Exposition Universelle de 1889.
Gouache.

24 — Les Folles à la Salpétrière.
Gouache.
Haut. 0,44. Larg. 0,60.

25. — Vieilles femmes à la Salpétrière.
Gouache.
Haut. 0,42. Larg. 0,63.

26. — Une Folle.
Croquis à l'encre de chine.
Haut. 0,21. Larg. 0,12.

27. — Le Jeu de boules.

Gouache.

Haut. 0,32. Larg. 0,50.

28. — La Fosse aux Ours, au Jardin des Plantes, de Paris.

Gouache.

Haut. 0,45. Larg. 0,60.

29. — La Fosse aux Ours, au Jardin des Plantes, de Paris, composition inédite.

Gouache.

Haut. 0,39. Larg. 0,52.

30. — Le Choral, rue Pergolèse.

Gouache.

Haut. 0,30. Larg. 0,46.

31. — La Musique militaire, Parc Montsouris.

Gouache.

Haut. 0,31. Larg. 0,48.

32. — Arrestation de boockmakers, à Auteuil.

Gouache.

Haut. 0,26. Larg. 0,44.

33. — Le Taureau échappé.

Gouache.

34. — Bal Mondain.

Gouache.

Haut. 0,36. Larg. 0,55.

35. — Fiacres dans la neige.

Gouache.

Haut. 0,19. Larg. 0,46.

36. — Scène de Paris : Gamins faisant l'aumône.

Gouache.

Haut. 0,26. Larg. 0,39.

37. — Le Chevrier, rues de Paris.

Gouache.

Haut. 0,46. Larg. 0,30.

38. — Obsèques du Général Faidherbe.
A la plume.
Haut. 0,46. Larg. 0,46.

39. — Obsèques d'un Prélat.
Gouache.
Haut. 0,47. Larg. 0,67.

40. — Types de Communards (Souvenirs de la Commune, 1871).
Vingt-et-un croquis aquarellés.

41. — Inondation de Murcie.
A la plume (sur papier Gillot).
Haut. 0,30. Larg. 0,27.

42. — Inondation de Murcie.

43. — Quête au profit des Inondés de Murcie.
A la plume.
Haut. 0,35. Larg. 0,33.

44. — Grand Noël à Salamanque.

45. — Croquis pour le Noël, à Salamanque.
A la plume.
Haut. 0,23. Larg. 0,30.

46. — Les Vendanges en Espagne.
Gouache.
Haut. 0,29. Larg. 0,45.

47. — Taverne en Espagne.
Gouache.
Haut. 0,42. Larg. 0,60.

48. — Moulin à plâtre, Espagne.
Gouache.
Haut. 0,39. Larg. 0,58.

49. — Un Pressoir, Espagne.
Gouache.
Haut. 0,45. Larg. 0,62.

50. — Marchande de fleurs, Espagne.
Gouache.
Haut. 0,43. Larg. 0,29.

51. — Berger espagnol.
Gouache.
Haut. 0,55. Larg. 0,42.

52. — Intérieur en Espagne.
A la plume.
Haut. 0,14. Larg. 0,23.

53. — Etude de mendiante, Espagne.
Gouache.
Haut. 0,60. Larg. 0,40.

54. — Far-niente, Espagne.
Gouache.
Haut. 0,46. Larg. 0,31.

55. — Femme espagnole.
Croquis à l'encre de chine.
Haut. 0,20. Larg. 0,10.

56. — Scènes d'Espagne.
Deux dessins à la plume renfermés dans le même cadre.

57. — Café Espagnol.
A la plume.

58. — Tribune de courses, Espagne.
A la plume.

59. — Inauguration du Monument de Brunswick, à Genève.
A la plume.
Haut. 0,30. Larg. 0,42.

60. — Dewet rompant la ligne des blockhaus.
Gouache.
Haut. 0,35. Larg. 0,46.

61. — Boërs prisonniers après Paërdeberg.
Gouache.
Haut. 0,32. Larg. 0,46.

62. — Anglais prisonniers des Boërs.
Gouache.
Haut. 0,36. Larg. 0,46.

63. — Colonne de Boërs ramenant des prisonniers.
Gouache.
Haut. 0,42. Larg. 0,23.

64. — Conseil de Guerre (Camp Boër).
Gouache.
Haut. 0,45. Larg. 0,31.

65. — Anglais ramassant leurs morts.
Gouache.
Haut. 0,34. Larg. 0,45.

66. — Le Menuet.
A la plume.
Haut. 0,25. Larg. 0,40.

67. — La Cueillette du raisin.
Gouache.
Haut. 0,35. Larg. 0,47.

68. — Gardeur de dindons.
Gouache.
Haut. 0,28. Larg. 0,21.

69. — Procession à Constantinople.
Gouache.
Haut. 0,28. Larg. 0,45.

70. — Danse Indigène.
Gouache.

71. — Scène orientale.
Gouache.
Haut. 0,33. Larg. 0,30.

72. — Souvenir de Suisse.
A la plume, lavé d'encre de chine.
Haut. 0,32. Larg. 0,22.

73. — Paysage.
A l'encre de chine.
Haut. 0,22. Larg. 0,16.

ILLUSTRATIONS

74. — **Composition pour la Nonne Alferez.** (Lemerre, 1894).
Gouache.
Haut. 0,21. Larg. 0,13.

75. — **Composition pour le Cabaret des trois Vertus** (Taillandier, 1894).
A la plume.
Haut. 0,28. Larg. 0,15.

76. — **Composition pour le Cabaret des trois Vertus.**

COMPOSITIONS POUR PABLO DE SÉGOVIE

(Vierge et Pelletan, 1902)

77 (1). — Cul-de-lampe.
A la plume.

78 (2). — *Mon Père fut arrêté...*
A la plume.
Haut. 0,249. Larg. 0,209.

79 (3). — Cul-de-lampe.
A la plume.

80 (4). — *Il courut après moi...*
A la plume.
Haut. 0,119. Larg. 0,189.

81 (5). — Le Bourreau.
A la plume.
Haut. 0,251. Larg. 0,170.

82 (6). — *Martirisant toutes les...*
A la plume.
Haut. 0,228. Larg. 0,209.

83 (7-8). — Culs-de-lampe.
Deux dessins à la plume, sous le même cadre.

84 (8 *bis*). — *C'était une vieille...*
A la plume.
Haut. 0,215. Larg. 0,19.

85 (9). — *C'était un clerc...*
A la plume.
Haut. 0,21. Larg. 0,123.

86 (10). — *Je me jetai...*
A la plume.
Haut. 0,119. Larg. 0,154.

87 (11). — *Tous ceux qui vivaient...*
A la plume.
Haut. 0,247. Larg. 0,189.

88 (12). — *Il y eut un grand...*
A la plume.
Haut. 0,13. Larg. 0,083.

89 (13). — *Je vis venir...*
A la plume.
Haut. 0,15. Larg. 0,081.

90 (14). — *Les étudiants s'emparèrent...*
A la plume.
Haut. 0,268. Larg. 0,112.

91 (15). — *Les médecins recommandèrent...*
A la plume.
Haut. 0.203. Larg. 0,31.

92 (16). — *La-dessus, l'étudiant...*
A la plume.
Haut. 0,22. Larg. 0,181.

93 (17). — Cul-de-lampe.
A la plume.

94 (18). — *Car ils ne m'envoyèrent...*
A la plume.
Haut. 0,249. Larg. 0,27.

95 (19-20). — *Je la tenais serrée... — A midi, je me vétis.*
Deux dessins à la plume, sous le même cadre.

96 (21). — Cul-de-lampe.
A la plume.

97 (22). — *Votre père mourut...*
A la plume.
Haut. 0,208. Larg. 0,40.

98 (23). — Cul-de-lampe.
A la plume.

99 (24). — *Une mule en liberté...*
A la plume.
Haut. 0,129. Larg. 0,16.

100 (25). — *Tout le monde pleura...*
A la plume.
Haut. 0,239. Larg. 0,22.

101 (26). — Portrait.
A la plume.
Haut. 0,15. Larg. 0,11.

102 (27). — *On réconcilia le maître...*
A la plume.
Haut. 0,103. Larg. 0,83.

103 (28). — Cul-de-lampe.
A la plume.

104 (29). — *On nous demanda de lire...*
A la plume.
Haut. 0,189. Larg. 0,278.

105 (30). — *Le larron tirait...*
A la plume.
Haut. 0,21. Larg. 0,253.

106 (31). — *Nous jetâmes tous...*
A la plume.
Haut. 0,178. Larg. 0,193.

107 (32). — Cul-de-lampe.
A la plume.

108 (33). — *Et prenant un goupillon...*
A la plume.
Haut. 0,159. Larg. 0,232.

109 (34). — *Un porcher.*
A la plume.
Haut. 0,151. Larg. 0,111.

110 (35). — *Un de ces gens...*
A la plume.
Haut. 0,19. Larg. 0,111.

111 (36). — *Après vînt un mulâtre...*
A la plume.
Haut. 0,18. Larg. 0,111.

112 (37). — Petit portrait.
A la plume.
Haut. 0,11. Larg. 0,091.

113 (38). — *A l'aide d'une corde...*
A la plume.
Haut. 0,20. Larg. 0,082.

114 (39). — *Celui-ci vomit...*
A la plume.
Haut. 0,259. Larg. 0,27.

115 (40). — Cul-de-lampe.
A la plume.

116 (41). — *Il m'amena à un âne...*
A la plume.
Haut. 0,28. Larg. 0,30.

117 (42). — *Les chats tombèrent...*
A la plume.
Haut. 0,17. Larg. 0,102.

118 (43). — *Nous nous levâmes de bonne heure...*
A la plume.
Haut. 0,228. Larg. 0,282.

119 (44). — *Nous nous grattions...*
A la plume.
Haut. 0,199. Larg. 0,121.

120 (45). — *Arrivés devant la porte...*
A la plume.
Haut. 0,24. Larg. 0,161.

121 (46). — *Nous nous couchâmes...*
A la plume.
Haut. 0,13. Larg. 0,151.

122 (47). — *Il y avait un carosse...*
A la plume.
Haut. 0,231. Larg. 0,171.

123 (48). — *Ils empoignèrent...*
A la plume.
Haut. 0,279. Larg. 0,229.

124 (49). — Portrait.
A la plume.
Haut. 0,12. Larg. 0,92.

125 (50). — *Il se mit un emplâtre...*
A la plume.
Haut. 0,20. Larg. 0, 20.

126 (51). — *Il y avait à la...*
A la plume.
Haut. 0,217. Larg. 0,180.

127 (52). — *Il faisait de même...*
A la plume.
Haut. 0,209. Larg. 0,287.

128 (53). — *Ils l'assaillirent...*
A la plume.
Haut. 0,22. Larg. 0,18.

129 (54). — *Elle parlait par dessus...*
A la plume.
Haut. 0,12. Larg. 0,62.

130 (55). — *L'Alguazil la mit en prison...*
A la plume.
Haut. 0,217. Larg. 0,161.

131 (56). — Cul-de-lampe.
A la plume.

132 (57). — *Le Bourreau battant...*
A la plume.
Haut. 0,179. Larg. 0,20.

133 (58). — *On nous appliqua...*
A la plume.
Haut. 0,201. Larg. 0,281.

134 (59). — Tête du geôlier.
A la plume.
Haut. 0,170. Larg. 0,141.

135 (60). — *Il avait pour femme...*
A la plume.
Haut. 0,12. Larg. 0,10.

136 (61). — Cul-de-lampe.
A la plume.

137 (62). — *J'ai voulu me cacher...*
A la plume.
Haut. 0,22. Larg. 0,20.

138 (63). — *Je me déguisai...*
A la plume.
Haut. 0,288. Larg. 0,199.

139 (64). — *Tirant cinquante réaux...*
A la plume.
Haut. 0,218. Larg. 0,162.

140 (65). — Cul-de-lampe.
A la plume.

141 (66). — *Je passai la nuit...*
A la plume.
Haut. 0,23. Larg. 0,16.

142 (67). — *Elles se turent...*
A la plume.
Haut. 0,219. Larg. 0,189.

143 (68). — *Je me plaçai à la portière...*
A la plume.
Haut. 0,18. Larg. 0,191.

144 (69). — *Nous goutâmes très bien...*
A la plume.
Haut. 0,249. Larg. 0,399.

145 (70). — *Et se jetant avec moi...*
A la plume.
Haut. 0,22. Larg. 22.

146 (71). — *Il me fit avec son couteau...*
A la plume.
Haut. 0,20. Larg. 0,22.

147 (72). — *La Justice accourut...*
A la plume.
Haut. 0,15. Larg. 0,172.

148 (73). — *On le mit dans la maison...*
A la plume.
Haut. 0,189. Larg. 0,211.

149 (74). — *Ils m'administrèrent...*
A la plume.
Haut. 0,19. Larg. 0,171.

150 (75). — *Ils s'emparèrent...*
A la plume.
Haut. 0,188. Larg. 0,248

151 (76). — *J'avais mis mes jambes...*
A la plume.
Haut. 0,258. Larg. 0,169.

152 (77). — *Faisant les mêmes rues...*
A la plume.
Haut. 0,219. Larg. 0,153.

153 (78). — *Il consistait à voler...*
A la plume.
Haut. 0,218. Larg. 0,298.

154 (79) — *Enfin, je m'achetai...*
A la plume.
Haut. 0,208. Larg. 0,188.

155 (80). — *Elle était experte...*
A la plume.
Haut. 0,15. Larg. 0,141.

156 (81). — *Il sauta de voiture...*
A la plume.
Haut. 0,29. Larg. 0,365.

157 (82). — *J'aurais succombé...*
A la plume.
Haut. 0,209. Larg. 0,19.

158 (83). — *Elle tombe tout du long...*
A la plume.
Haut. 0,25. Larg. 0,17.

159 (84). — *En tenant un pain...*
A la plume.
Haut. 0,258. Larg. 0,30.

160 (85). — Cul-de-Lampe.
A la plume.

161 (86). — *Nous traversâmes les gorges...*
A la plume.
Haut. 0,22. Larg. 0,19.

162 (87). — *Nous rencontrâmes un hermite...*
A la plume.
Haut. 0,18. Larg. 0,18.

163 (88). — *Nous trouvâmes à la porte...*
A la plume.
Haut. 0,20. Larg 0,18.

164 (89). — *Je m'agenouillai et dis...*
A la plume.
Haut. 0,28. Larg. 0,21.

165 (90). — *Je donnai une nouvelle estocade...*
A la plume.
Haut. 0,17. Larg. 0,20.

166 (91). — *Elle portait toujours un chapelet...*
A la plume.
Haut. 0,17. Larg. 0,20.

167 (92). — *Au point du jour, nous demeurâmes.*
A la plume.
Haut. 0,20. Larg. 0,27.

168 (93). — L'Alcala.
A la plume.
Haut. 0,28. Larg. 0,28.

169 (94). — *Elle avait sa chambre...*
A la plume.
Haut. 0,25. Larg. 0,16.

170 (95). — *Un mien frère de sept ans...*
A la plume.
Haut. 0,20. Larg. 0,27.

---

171. — **Au Pays de Don Quichotte** ou **Sur les traces de Don Quichotte.**
Cent douze croquis aquarellés.
Ces croquis, d'une verve et d'un esprit inouïs, constituent de précieuses notes de voyage à travers l'Espagne. Ils seront offerts dans leur ensemble; si, toutefois, la mise à prix n'était pas couverte, ils seront vendus séparément ou par petites séries.

COMPOSITIONS pour LE DUC et LE SCULPTEUR, de Zorilla (Madrid, 1902).

172 (1). — *Vous aimez passionnément les armes...*
Gouache.
Haut. 0,33. Larg. 0,25

173 (2). — *Un homme s'approcha rapidement...*
Gouache.
Haut 0,35. Larg. 0,26.

174 (3). — *Il resta longtemps...*
Gouache.
Haut. 0,35. Larg. 0,26

175 (4). — *Il y avait grande affluence...*
Gouache.
Haut. 0,35. Larg. 0,27.

176 (5). — *Voici une Vierge.*
Gouache.
Haut. 0,35. Larg. 0,26.

177 (6). — *Deux hommes entrèrent...*
Gouache.
Haut. 0,35. Larg. 0,26.

178 (7). — *On le mène à l'Inquisition...*
Gouache.
Haut. 0,35. Larg. 0,26.

179 (8). — *Il brisa la Madone...*
Gouache.
Haut. 0,34. Larg. 0,26.

180 (9). — *Après quarante jours de travail...*
Gouache.
Haut. 0,35. Larg. 0,26.

181 (10). — *C'est en vain que tu l'attends...*
Gouache.
Haut. 0,35. Larg. 0,26.

182 (11). — *Voici votre argent...*
Gouache.
Haut. 0,35. Larg. 0,26.

183 (12). — *N'ouvre pas cette lettre...*
Gouache.
Haut. 0,35. Larg. 0,26.

184 (13). — *La Malheureuse poussa un cri...*
Gouache.
Haut. 0,35. Larg. 0,26.

185 (14). — *Ses mains ne pouvaient suffire...*
Gouache.
Haut. 0,35. Larg. 0,26.

186 (15). — *S'avance dans l'escalier du Duc...*
Gouache.
Haut. 0,35. Larg. 0,26.

187 (16). — *En vain la belle se jette à ses genoux...*
Gouache.
Haut. 0,35. Larg. 0,26.

188 (17). — *Les mains serrées convulsivement...*
Gouache.
Haut. 0,35. Larg. 0.26.

189 (18). — Composition pour le *Duc et le Sculpteur.*

190 (19). — Composition pour le *Duc et le Sculpteur.*

COMPOSITIONS pour COLOMBA, de Prosper Mérimée
(Carteret, 1904).

191 (1). — Colomba (portrait frontispice).
Gouache.

192 (2). — Port de Marseille.
Gouache.
Haut. 0,221. Larg. 0,262.

193 (3). — *Ellis garanti pour...*
Gouache.
Haut. 0,228. Larg. 0,291

194 (4). — *On embarque des provisions...*
Gouache.
Haut. 0,219. Larg. 0,235.

195 (5). — *Lorsque le patron l'aborda...*
Gouache.
Haut. 0,262. Larg. 0,208.

196 (6). — *Le jeune Homme ôta sa casquette...*
Gouache.
Haut. 0,209. Larg. 0,253.

197 (7). — *Ma fille entend tous les patois.*
Gouache.
Haut. 0,207. Larg. 0,261.

198 (8). — *Le Colonel, sa pièce à...*
Gouache.
Haut. 0,231. Larg. 0,281.

199 (9). — *Il y avait un officier monté...*
Gouache. Haut. 0,293. Larg. 0,232.

200 (10). — *Elle baisa son frère sur le front...*
Gouache. Haut. 0,217. Larg. 0,276.

201 (11). — *Eveilla sa femme de chambre...*
Gouache. Haut. 0,30. Larg. 0,218.

202 (12). — *Je vous prends à admirer notre Méditerranée...*
Gouache. Haut. 0,239. Larg. 0,277.

203 (13). — *Elle se leva, prit le bras de...*
Gouache. Haut. 0,258. Larg. 0,226.

204 (14). — *Il s'animait en parlant de ses montagnes...*
Gouache. Haut. 0,228. Larg. 0,19.

205 (15). — *Parfois la longue-vue du Colonel...*
Gouache. Haut. 0.261. Larg. 0,201.

206 (16). — *Monté sur un petit cheval...*
Gouache. Haut. 0,286. Larg. 0,212.

207 (17). — *Le Colonel et Orso allaient à la chasse...*
Gouache. Haut. 0,285. Larg. 0,166.

208 (18). — *On annonça M. le Préfet...*
Gouache. Haut. 0,222. Larg. 0,298.

209 (19). — *Une jeune femme vêtue de noir...*
Gouache. Haut. 0,297. Larg. 0,225.

210 (20). — *Et la prenant dans ses bras...*
Gouache.
Haut. 0,261. Larg. 0,233.

211 (21). — *Est-ce l'usage, dit Miss...*
Gouache.
Haut. 0,228. Larg. 0,281.

212 (22). — *Si les chèvres mangeaient les jeunes plantes...*
Gouache.
Haut. 0,280. Larg. 0,177.

213 (23). — *Une bande de paysans armés...*
Gouache.
Haut. 0,287. Larg. 0,206.

214 (24). — *La femme Pietri ayant laissé son fardeau...*
Gouache.
Haut. 0,290. Larg. 0,203.

215 (25). — *Se jeta à ses genoux et le supplia...*
Gouache.
Haut. 0,296. Larg. 0,230.

216 (26). — *Elle prit le moins orné des fusils...*
Gouache.
Haut. 0,271. Larg. 0,216.

217 (27). — *Voyez-vous cette bague...*
Gouache.
Haut. 0,281. Larg. 0,20.

218 (28). — *Ils échangèrent quelques mots...*
Gouache.
Haut. 0,272. Larg. 0,211.

219 (29). — *Et une douzaine de coups de fusils...*
Gouache.
Haut. 0,298. Larg. 0,229.

220 (30). — *Maison della Rebia.*
Gouache.
Haut. 0,280. Larg. 0,215.

221 (31). — *Suivi d'une petite fille en haillons...*
Gouache.
Haut. 0,271. Larg. 0,19.

222 (32). — *Cette petite fille est une nièce...*
Gouache.
Haut. 0,270. Larg. 0,184.

223 (33). — *Et elle lui faisait endosser une large veste...*
Gouache.
Haut. 0,271. Larg. 0,211.

224 (34). — *Et elle se mit à genoux...*
Gouache.
Haut. 0,271. Larg. 0,205.

225 (35). — *La petite porta ses deux doigts...*
Gouache.
Haut. 0,29. Larg. 0,19.

226 (36). — *Le bandit tira la langue...*
Gouache.
Haut. 0,27. Larg. 0,18.

227 (37). — *Elle commença de la sorte...*
Gouache.
Haut. 0,289. Larg. 0,229.

228 (38). — *En achevant ces mots, Colomba se laissa tomber...*
Gouache.
Haut. 0,285. Larg. 0,229.

229 (39). — *Et Colomba lisait par-dessus l'épaule...*
Gouache.
Haut. 0,291. Larg. 0,208.

230 (40). — *De fouilles dans un secrétaire...*
Gouache.
Haut. 0,286. Larg. 0,195.

231 (41). — *Et introduisant dans la maison...*
Gouache.
Haut. 0,231. Larg. 0,20.

232 (42). — *Le frappant du poing au visage...*
Gouache.
Haut. 0,27. Larg. 0,2[illegible]9.

233 (43). — *En lui faisant un signe de la main...*
Gouache.
Haut. 0,28. Larg. 0,18.

234 (44). — *On voyait les gendarmes...*
Gouache.
Haut. 0,278. Larg. 0,229.

235 (45). — *Et lui fendait l'oreille avec son couteau...*
Gouache.
Haut. 0,299. Larg. 0,217.

236 (46). — *Après avoir pris quelques grillades...*
Gouache.
Haut. 0,276. Larg. 0,19.

237 (47). — *Obligé par la roideur de la pente...*
Gouache.
Haut. 0,26. Larg. 0,17.

238 (48). — *Le doigt sur la détente...*
Gouache.
Haut. 0,27. Larg. 0,19.

239 (49). — *L'enfant s'aidant des pieds et des mains...*
Gouache.
Haut. 0,30. Larg. 0,216.

240 (50). — *Mon frère est mort...*
Gouache.
Haut. 0,269. Larg. 0,196.

241 (51). — *On rapportait à l'avocat...*
Gouache.
Haut. 0,298. Larg. 0,227.

242 (52). — *Les deux mains étendues pour maudire...*
Gouache.
Haut. 0,271. Larg. 0,195.

243 (53). — *Miss Névil détacha le portrait...*
Gouache.
Haut. 0,271. Larg. 0,174.

244 (54). — *Il écrivait avec un crayon...*
Gouache.
Haut. 0,271. Larg. 0,227.

245 (55). — *Se met à gravir un coteau...*
Gouache.
Haut. 0,276. Larg. 0,203.

246 (56). — *Et fort rapprochés l'un de l'autre...*
Gouache.
Haut. 0,279. Larg. 0,213.

247 (57). — *Le cheval excité par deux bons coups de pieds...*
Gouache.
Haut. 0,267. Larg. 0,23.

248 (58). — *En lui rendant son baiser...*
Gouache.
Haut. 0,286. Larg. 0,237.

249 (59). — *Il s'empressa de venir les caresser...*
Gouache.
Haut. 0,304. Larg. 0,242.

250 (60). — *Sauter pour les Vella Rebia...*
Gouache.
Haut. 0,292. Larg. 0,217.

251 (61). — *Et se mirent en devoir d'en dessiner...*
Gouache.
Haut. 0,283. Larg. 0,222.

252 (62). — *Le Vieillard poussa un cri...*
Gouache.
Haut. 0,26. Larg. 0,222.

253 (63). — *La femme les suivait des yeux...*
Gouache.
Haut. 0,285. Larg. 0,226.

COMPOSITIONS POUR DON QUICHOTTE

(Premières pensées). (En cours de publication).

254 (1). — Don Quichotte essayant son épée.
Gouache.
Haut. 0,21. Larg. 0,18.

255 (2). — Don Quichotte demande à l'hôtelier de l'armer chevalier.
Gouache.
Haut. 0,21. Larg. 0,25.

256 (3). — Première sortie de Don Quichotte.
Gouache.
Haut. 0,23. Larg. 0,18.

257 (4). — Don Quichotte cherchant quel nom...
Gouache.
Haut. 0,22. Larg. 0,12.

258 (5). — Salle à manger de Don Quichotte.
Gouache.

259 (6). — Croquis pour Don Quichotte.
A la plume.
Haut. 0,28. Larg. 0,43.

260 (7). Don Quichottte se faisant armer chevalier.
Gouache.
Haut. 0,27. Larg. 0,31.

261 (8). — Salle à manger de Don Quichotte.
Gouache.
Haut. 0,22. Larg. 0,23.

262 (9). Dulcine de Toboso.
A la plume.
Haut. 0,27. Larg. 0,21.

263 (10) — Don Quichotte fourbissant ses armes.
Gouache.
Haut. 0,22. Larg. 0,19.

COMPOSITIONS pour LA FAUVE, de Rosny
(non publiées)

264 (1). — L'Actrice à sa toilette.
Gouache.
Haut. 0,30 Larg. 0,27.

265 (2). — Composition pour *La Fauve.*
Gouache.
Haut. 0,34. Larg. 0,27.

266 (3). — Composition pour *La Fauve.*
Gouache.
Haut. 0,42. Larg. 0,31.

---

267. — Composition pour un *Conte breton.*
Gouache.
Haut. 0,30. Larg. 0,23.

268. — Composition pour un Conte breton.
Gouache.

269. — Composition pour Edgar Poë
Gouache.
Haut. 0,28. Larg. 0,22.

270. — Composition pour Edgar Poë.
Gouache.

271. — Illustration pour une *Nouvelle*, de Guy de Maupassant.

272. — Illustration pour une *Nouvelle*, de Guy de Maupassant.

273. — Les Aventures d'un Tambour-major.
Gouache.
Haut. 0,29. Larg. 0,23.

274. — Eaux-fortes : 1° Gil Blas, 2 états — 2° La Misère à Londres, 2 états — 3° Danseuse espagnole, 3 états — 4° Tête de Vieillard, 4 états — 5° La fausse note — 6° Déjeûner sur l'herbe — 7° Scène orientale, deux planches différentes.

275. — Sous ce numéro, il sera vendu plusieurs dessins ou croquis non catalogués.

IMPRIMERIE

FRAZIER-SOYE

153-157, Rue Montmartre

PARIS

www.ingramcontent.com/pod-product-compliance
Ingram Content Group UK Ltd.
Pitfield, Milton Keynes, MK11 3LW, UK
UKHW020520180726
13839UKWH00005B/2210